HOMELIE XVII.

POUR LE SEPTIÉME

DIMANCHE

D'APRÉS LA PENTECÔTE,

SUR

LES FAUX PROPHETES.

Par M. le Curé de S. Sulpice de Paris.

A PARIS,

Chez RAYMOND MAZIERES, ruë S. Jacques, prés la ruë
du Plâtre, à la Providence.

M. DCCVII.

AVEC APPROBATION ET PRIVILEGE DU ROY.

TEXTE

DU SAINT EVANGILE

SELON SAINT MATTHIEU.

EN ce temps-là : Jesus dit à ses Disciples :
Gardez-vous des faux Prophetes qui viennent à vous couverts de peaux de brebis, &
qui au dedans sont des loups ravissans, vous les
connoîtrez par leurs fruits : Est-ce qu'ils cueil-
lent des raisins de dessus les épines ? ou des figues de dessus les ronces ? Ainsi tout arbre qui
est bon produit de bons fruits, & tout mauvais
arbre produit de mauvais fruits. Un bon arbre
ne peut porter de mauvais fruits, ny un mauvais arbre de bons fruits. Tout arbre qui ne
produit point de bons fruits sera coupé & jetté
au feu : vous les connoîtrez donc par leurs
fruits. Tout homme qui me dit, Seigneur,

4

Seigneur, n'entrera pas pour cela dans le Royau-
me des Cieux ; mais celuy-là seulement y entrera, qui fait la volonté de mon Pere qui est
dans les Cieux. *Matth. c. 7. v. 15.*

Quelques personnes ayant desiré qu'on mît la citation des passages à
la marge, on le fera dorénavant, du moins à l'égard de ceux qui ne
font pas si frequemment dans la bouche de tout le monde : quoyque cependant on les ait mis dans les Homelies Latines, où ces mêmes
passages font pour la plûpart rapportez, & même quelquefois dans les
Homelies Françoises précedentes.

HOMELIE DIX-SEPTIE'ME

SUR

LES FAUX PROPHETES.

Our bien entrer dans l'Evangile du jour, & en mieux comprendre l'esprit, il est à propos d'observer que ce qu'on vient de nous lire, est la conclusion du celebre Sermon nommé par excellence le Sermon des Beatitudes, ou le Sermon de la Montagne, que Jesus-Christ fit à ses Apôtres, suivis d'une grande multitude de peuple, & en leur personne à tous ceux qui dans la suite des siecles se feroient les Disciples d'un si bon Maître : Sermon qu'on peut regarder comme le precieux abregé de la doctrine & de la morale Chrétienne. Car ce divin Sauveur prévoyant qu'il s'éleveroit avec le temps des Docteurs, ou orgueilleux, qui par des nouveautez dan-

gereuſes ne chercheroient qu'à s'attirer des ſectateurs, & à ſe faire des Chefs de party; ou intereſſez, qui ſous pretexte d'une plus grande perfection, ne tendroient qu'à leurs fins temporelles; ou hypocrites, qui par des dehors affectez de dévotion voudroient s'acquerir l'eſtime des hommes, & quelquefois cacher leur corruption: & qui par conſequent les uns & les autres abuſeroient des maximes ſaintes qu'il venoit de prêcher: il avertit les Fideles de ſe tenir ſur leurs gardes, & de bien examiner les eſprits avant que de s'y fier; *attendite*: & ce qu'il dit alors, il le fit dire encore de nouveau par ſon Evangeliſte: *Cariſſimi, nolite omni ſpiritui credere, ſed probate ſpiritus ſi ex Deo ſint:* marquant par ce terme de *ſpiritus*, repeté deux fois, ces eſpeces de trompeurs, qui ſe mettant au rang des ames pieuſes & éclairées, paroîtroient exempts des vices du corps, pour mieux inſinuer les égaremens de leur eſprit. Le Sauveur avoit enſeigné un moment auparavant, que la voye qui conduit à la vie eſt étroite, & que peu de gens la trouvent: mais ils ſçavoient que les plus dangereux ſeducteurs ne manqueroient pas de répandre leur venin dans l'eſprit des perſonnes ou ſimples, ou curieuſes, ſous les grands mots de reforme, & de ſeverité: qu'il y a un chemin qui d'abord paroît être celüy de la juſtice, & qui cependant aboutit à la perdition: *eſt via quæ videtur homini juſta, noviſſima autem ejus deducunt ad mortem:* Que ſi un aveugle conduit un aveugle, ils tomberont tous deux dans le précipice; & qu'une des choſes du monde la plus importante,

1. Joa. 4. 1.

Pro. 14. 12.

auſſi bien que la plus rare, & la plus neceſſaire, eſt de trouver des conducteurs fideles, dont la doctrine ſoit ſaine, les mœurs pures, & la conduite ſage, qui nous ſervent de guides aſſurez dans le chemin du ſalut : *Inquire*, diſoit le ſaint homme Tobie à ſon fils, *inquire tibi aliquem fidelem virum qui eat tecum :* ce qui demande un ſerieux examen, *attend:te.* Icy qui ne gemira de l'état déplorable où le peché a reduit l'homme, obligé de veiller ſans ceſſe pour ſe défendre également, tantôt du mal viſible qui veut le pervertir ouvertement ; ce que le Fils de Dieu avoit déſigné par les animaux immondes dont il venoit de parler : tantôt du mal caché qui veut le ſeduire, ſous l'appas trompeur d'un bien apparent, telle qu'eſt la prédication des faux Prophetes, ainſi qu'obſerve ſaint Chryſoſtome ? *Ecce cum canibus & porcis aliud quoque inſidiarum genus multò illis profectò efficacius ad nocendum.* Car les pecheurs publics & ſcandaleux, qui tâchent ouvertement de nous entraîner dans le vice, ſe découvrent aſſez par eux-mêmes, & font horreur aux perſonnes pieuſes, qui les fuyent auſſi-tôt. Mais il n'en eſt pas ainſi de ces faux Prophetes d'aujourd'huy, qui ſous un exterieur dévot ſe gliſſent dans le cœur, & le corrompent d'autant plus dangereuſement, qu'ils le font imperceptiblement : *Iſti verò falſi Prophetæ de quibus hodiè fraudulenter obtecti obrepunt :* ſemblables à ces petits, mais tres-nuiſibles inſectes, qui rongent le corps du drap, ſans aucun bruit, & ſans qu'on s'en apperçoive au-dehors : *Tinea damnum facit, ſonitum non facit,* dit ſaint Gregoire : C'eſt pourquoy,

Tob. 5. 4.

H'ic.

Ibid.

continuë faint Chryfoftome, le Sauveur nous avertit de nous précautionner contre ces belles apparences : *Et idcirco illos imperat diligenter examinari, atque difcerni : quafi omnino difficile fit ad primum illos intelligere congref-fum.* Et c'eft ce qu'il faut à prefent développer ; car, comme obferve faint Ambroife, *Deus in fuperficie non jacet* : & l'homme fage de l'Evangile, creufe bien avant pour pofer le fondement de fon édifice, *fodit in altum.*

PREMIERE CONSIDERATION.

Attendite à falfis Prophetis qui veniunt ad vos in vefti-mentis ovium, intrinfecùs autem funt lupi rapaces.

Donnez-vous de garde des faux Prophetes, qui viennent à vous couverts de peaux de brebis, & qui au dedans font des loups raviffans.

1°. Il eft d'abord certain que ces paroles concernent particulierement & prefque uniquement les Miniftres de l'Eglife prépofez au gouvernement des peuples, foit qu'ils s'y ingerent d'eux-mêmes, foit qu'ils en abufent aprés avoir été legitimement appellez : & que c'eft comme fi le Sauveur difoit : Dé-fiez-vous de ces Directeurs qui fe mettent fur le pied d'hommes extraordinaires ; qui fe donnent des airs de Prophetes ; qui fe diftinguent des autres par des manieres affectées, & fingulieres ; qui femblent ne fe conduire que par des lumieres rares & nouvelles ; qui ne fe communiquent qu'à certaines perfonnes choifies ; de qui les audiences font quelquefois auffi

difficiles

difficiles à obtenir que celles d'un Ministre d'Etat ; qui ne regardent leurs confreres quand ils ne sont pas de leurs avis, qu'avec dédain, & comme des personnes ignorantes & relâchées, tandis qu'ils élevent jusqu'aux nuës leurs adherans les plus mediocres : en un mot, de qui la conduite est mysterieuse & obscure. Jesus-Christ, le parfait modele de toute pieté, n'en usoit pas ainsi : il donnoit un libre accés auprés de luy à tout le monde, & à toute heure : il parloit indifferemment aux pauvres & aux riches; aux sçavans & aux ignorans ; aux saints & aux pecheurs; la Samaritaine, la Cananée, Zachée, & un nombre infiny d'autres de tout sexe, & de toute condition, en furent reçus avec bonté, & il vouloit qu'on prêchât sa doctrine pardessus les toits. Les Apôtres imiterent leur Maître, ils ne faisoient rien en cachette, ils se faisoient tout à tous : la porte de saint Ambroise étoit ouverte à un chacun, sans qu'on vint même luy annoncer ceux qui entroient pour le visiter, ainsi que saint Augustin le rapporte : *Sæpè cùm adessemus, non enim vetabatur quisquam ingredi, aut ei venientem nuntiari mos erat.* Mais ces nouveaux Prophetes sont bien differens, il faut des entremetteurs pour parvenir à eux; semblables à ceux que saint Augustin appelle des hommes inabordables : *inaccessibiles animæs.* Cependant ils ont plus de sectateurs que les vrays Ouvriers Evangeliques n'ont de disciples ; & il ne faut pas s'en étonner, puisque dés le temps de saint Paul on voyoit je ne sçay combien de ces trompeurs qui se transfiguroient en Apôtres de Jesus-Christ : *Pseudo-Apostoli transfigu-*

Conf. 6. 31

2 Cor 11. 13.

A a a a a

rantes se in Apostolos Christi. Quoy, ô Docteur des Nations, s'écrie saint Chrysostome, vous appellez ces gens-là de faux Apôtres, & ils prêchent Jesus-Christ? *Christum prædicant :* il paroissent desinteressez , *pecunias non accipiunt :* ils n'annoncent point d'autre Evangile que le veritable, *Evangelium aliud non inducunt :* & cependant, encore une fois, vous dites que ce sont de faux Apôtres ! sans doute, mais c'est parce que ces hypocrites faisoient toutes leurs actions par des vûës humaines, & par pure ostentation : ils sçavoient bien qu'ils ne pourroient plaire aux hommes autrement que par ces voyes belles en apparence, mais frauduleuses en effet : *scientes se non aliter gratos acceptosque fore.* C'est pourquoy saint Paul les appelle en ce même endroit de fins imposteurs : *operarii dolosi , qui vulgò impostores vocari solent ,* dit saint Chrysostome : de quoy aprés tout il ne faut pas être surpris ; car puisque Satan luy-même se transfigure en Ange de lumiere, sans doute par le même esprit d'orgueil , & par le même desir insatiable d'être suivy & honoré ; comment ces Ministres d'une justice apparente n'imiteroient-ils pas leur injuste maître ? *Et non mirum : si enim ipse satanas transfigurat se in Angelum lucis , non magnum est si ministri ejus transformantur velut ministri justitiæ.* Mais quels sont ces Ministres de justice dont parle icy l'Apôtre, continuë saint Chrysostome, sinon ceux qui prêchent, & qui font les fonctions sacrées comme nous ? *Quid autem est ministerium justitiæ? id videlicet quod sumus, Evangelium , quod justitiam habet, vobis prædicantes ;* mais qui sous le masque de la pieté, joüent un personnage contraire à la pieté : *Veritatis larvâ assumptâ imposturæ fabulam agunt.* L'hypocrite, dit saint Gregoire, veut paroître saint, & ne veut pas l'être : *Hypocrita non vult esse, sed videri justus :* il veut les honneurs de la sainteté, & il ne veut pas les travaux de la vertu, *virtus laboriosa prorsus, ac dura, virtutis verò simulator recusat laborem, solamque sui ostentationem requirit.* Semblable à l'Autruche, ajoute ce grand Pontife, laquelle ornée d'un plumage admirable, ne sçauroit cependant s'élever enhaut, l'hypocrite a les beaux dehors de la pieté, & n'en a pas le fonds : *Habent volandi pennas per speciem, sed in terra repunt per actionem : quia alas per figuram sanctitatis extendunt, sed curarum sæcularium pondere prægravati nullatenus à terra sublevantur.* On croiroit à voir son exterieur modeste & mortifié, que son cœur est toûjours au Ciel, & par ses affections basses & cachées il est toûjours appesanty vers la terre : *A terra elevari non valet, & alas quasi ad volatum specie tenus erigit, sed tamen nunquam se à terra volando suspendit.* En quoy il réussit d'autant plus aisément, que le veritable homme de bien s'efforce sincerement de cacher ses vertus, tandis que l'hypocrite affecte artificieusement de faire éclater les siennes.

II°. Que si nous renfermons les Heretiques & les Novateurs sous ce mot de faux Prophetes, ainsi que saint Pierre nous l'apprend, combien doit-on redoubler ses soins pour ne se laisser pas surprendre à de tels singes de la verité ? Car ce grand Apôtre nous avertit que ce qu'on appelloit autrefois dans l'ancienne Loy de faux Prophetes, qui se vantoient de per-

A aaaa ij

cer dans l'avenir, se nomme dans la Loy nouvelle de faux Docteurs, qui pretendent découvrir des sens cachez de l'Ecriture, & des dogmes inconnus aux autres : *Fuerunt verò & Pseudoprophetæ in populo sicut & in vobis erunt Magistri mendaces :* Novateurs dangereux, qui ne laisseront pas d'introduire des sectes pernicieuses dans l'Eglise : *qui introducent sectas perditionis.* Car enfin, comme observe saint Augustin, quoyqu'il soit vray qu'il y ait bien des gens qui veüillent tromper, & qu'on n'en voye point qui veüillent être trompez, il arrive neanmoins trop souvent, que plusieurs de ceux qui voudroient le plus n'être pas trompez, se laissent miserablement tromper : *Multos expertus sum qui vellent fallere, qui autem falli, neminem.* Donnez-moy un homme veritablement pieux, je suis seur qu'il ne veut point tromper : *da mihi hominem religiosum, non vult fallere.* Donnez-moy un homme frauduleux, je croy aisément qu'il veut tromper, mais je suis persuadé que l'un ny l'autre ne veut être trompé : *Fallere vult, falli non vult.* D'où vient donc, continuë saint Augustin, que puisque ny les bons ny les méchans ne veulent être trompez, *falli autem nec boni vellent, nec mali :* d'où vient cependant qu'on voit tant de personnes trompées par les Novateurs ? d'où vient que les plus éclairez ont besoin de veiller attentivement sur eux-mêmes, pour ne donner pas inconsiderément dans leurs pieges ? voicy les raisons que les saints Peres en apportent.

Premierement, l'éloquence des Heretiques est un hameçon tres-dangereux pour les esprits legers. Saint

Augustin rapporte que Fauste le Manichéen étoit un lacet du diable, parce qu'à cause de sa grande éloquence il entraînoit un nombre infiny de Disciples dans ses erreurs, *Faustus magnus laqueus diaboli, & multi* [Conf. 5. 3.] *implicabantur in eo per illecebram suaviloquentiæ quam ego laudabam.* Il dit dans un autre endroit, que son style étoit beaucoup plus doux & plus coulant que celuy de saint Ambroise, *sermonis erat minùs hilarescentis atque* [Conf. 5. 13.] *mulcentis quàm Fausti.* Or combien le charme de l'éloquence dont il semble que tous les Novateurs sont doüez, n'est-il pas capable de leur gagner de monde?

2°. Les Heretiques, dit saint Gregoire, mêlent [L. 5. Mor. in c. 4. Job. c. 27. p. 160.] assez souvent de grandes veritez aux grandes erreurs: *Nonnunquam vera & sublimia loquuntur:* comment ne le feroient-ils pas, puisque l'ennemy de toute verité se reconcilie quelquefois avec elle, pour la faire servir au mensonge? *Concessum est diabolo, interdum vera dicere, ut mendacium suum rara veritate confirmet,* dit saint Chrysostome, ou l'Auteur de l'Ouvrage imparfait. Et ce qui est le plus à craindre, ils les proposent dans un style magnifique & pompeux, leurs pensées sont sublimes & choisies, rien de rampant dans leurs ouvrages, leur orgueil ne leur fournit point de choses communes : du moins est-ce là leur caractere, qui joint à celuy de la nouveauté & de la curiosité, leur attire des sectateurs sans nombre. Ne croyez pas, mes tres-chers Freres, dit saint Augustin, que les heresies ne soient [S. Aug. in Ps. 124. p. 707.] les productions que de quelques petits esprits : *Non putetis, Fratres, quia potuerunt fieri hæreses per aliquas parvas animas :* les heresies ne se font que par de grands genies : *Non fecerunt hęrefes , nifi magni homines.*

3°. Sçachant bien qu'on ne les croira pas à leur parole, il proteftent toûjours que leur doctrine eft la
doctrine ancienne de l'Eglife, & des plus fçavans Peres, dont ils font profeffion de n'être que les Difciples fideles : *Hæretici*, dit faint Gregoire, *ut ea quæ af-
ferunt commendare quafi de antiquitate poffint, antiquos Patres fe habere teftantur, atque ipfos Doctores Ecclefiæ fuæ
profeffionis Magiftros dicunt.*

4°. Ils loüent fans ceffe la primitive Eglife, & les
Miniftres qui l'ont gouvernée, dont ils proteftent ne
fuivre que les veftiges : & cependant ils n'en veulent
pas croire l'Eglife prefente, ni ceux qui la gouver-
nent de leur temps, pour lefquels ils montrent n'avoir
que du mépris : *Cumque præfentes defpiciunt, de antiquo-
rum Patrum magifterio falfâ præfumptione gloriantur*, & ils
avancent hardiment qu'ils ne difent rien que ce que
les anciens Docteurs ont dit avant eux, *ea quæ ipfi dicunt, etiam antiquos Patres tenuiffe.* Ils font les Apolo-
giftes des anciens Peres, mais ils en font les corrup-
teurs, & les faux Interpretes : *Sepe quidem nobifcum Patres quos veneramur laudant, fed intellectu depravato.*

5°. Ces fuccés & cette préfomption leur font en-
treprendre des chofes grandes & extraordinaires, &
même quelquefois réuffir dans des deffeins éclatans,
enforte qu'ils fe diftinguent & s'élevent par leurs talens au-deffus des autres, & s'attirent par-là l'eftime
& la confideration du monde, *ita ut agere præ cæteris
magna videantur.*

6°. A tous ces pieges ils en ajoûtent un encore plus

dangereux, ils s'efforcent d'ébloüir le monde par l'é-
clat de leurs mœurs, en apparence loüables : *Non-* *Ibid.*
nunquam Hæretici quantò magis in perfidiæ errorem dilabun-
tur, tantò ampliùs in exteriori sese operatione custodiunt. Mais
prenez garde, dit saint Jerôme, ce sont des loups tra-
vestis, & couverts de la peau de brebis, qui cachent
une foy corrompuë sous l'éclat de quelques vertus ex-
terieures : *qui aliud habitu ac sermone promittunt, aliud* *In Ev. hod.*
opere demonstrant : ils font profession de garder la con-
tinence du corps, & ils ne peuvent refréner le liber-
tinage de leur esprit : ils font profession de garder la
chasteté, & ils violent l'integrité de l'Eglise l'Epouse
de Jesus-Christ : *Ecclesiam adhęc usque tempora instar cu-* *Hegesip. a-*
jusdam virginis integram atque incorruptam permanserat, dit *pud Euseb.*
l. 3. c. 32.
un tres-ancien Auteur, parlant de la primitive Eglise,
dont la foy n'avoit pas encore été corrompuë par aucun faux Docteur : mais qui le fut ensuite par eux :
sed postea per falsos Doctores, &c. Ils pratiquent le jeûne
corporel, & ils ne sçauroient s'abstenir de déchirer la
réputation des Catholiques, qui les veulent redresser.
C'est de cette sorte que ce qu'on dit icy des faux
Prophetes se doit entendre des Heretiques, selon saint
Jerôme : *Specialiter de Hæreticis intelligendum est, qui vi-* *Ibid.*
dentur continentiâ, castitate, jejunio, quasi quâdam pietatis
se veste circundare : intrinsecus vero habentes animum vene-
natum, simpliciorum fratrum corda decipiunt.

7°. Ce qui fait le comble de l'illusion, c'est que
ces dangereux ennemis de l'Eglise Catholique, par
un secret & impenetrable jugement de Dieu qui le
permet ainsi, operent quelquefois des especes de mi-

racles capables de furprendre les efprits non affez affez affermis dans la vraye foy : *Nonnunquam Hæretici,*
dit faint Gregoire, *figna quoque ac miracula faciunt, &*
mira fignorum opera. Mais quoy, le fouverain Juge ne
condamnera-t-il pas un jour plufieurs faux Apôtres,
qui luy diront avoir prêché en Prophetes, chaffé les
démons, & operé des miracles ?. & ne leur répondra-
t-il pas qu'il ne les a jamais connus, pas même quand
ils operoient ces pretenduës merveilles ? *nunquam novi*
vos. Le Seigneur ne fe plaint-il pas que les faux Prophetes ont feduit fon peuple par leurs menfonges,
& par leurs miracles ? *Seduxerunt populum meum in men-*
dacio fuo, & in miraculis fuis, cùm ego non mififfem eos :
ainfi que l'Antechrift fera ; cependant, dit faint Auguftin, ny leurs dignitez dans l'Eglife, ny le rang d'hon-
neur qu'ils peuvent y avoir, ne doivent impofer à
perfonne : ils font les Chefs & les Princes des autres,
je le veux : ils font fçavans, ils font élevez ; ce font des
pierres precieufes, qui femblent devoir compofer la
célefte Jerufalem, je le veux : *Principes funt , docti funt,*
magni funt , lapides pretiofi funt : qu'ajoûterez-vous encore à leur éloge ? font-ils des Anges ? *numquid Angeli*
funt ? Mais quand un Ange du Ciel vous annonceroit
une doctrine differente de celle que vous avez ap-
prife , qu'il foit anatheme : parce que le diable
même eft un Ange tombé du Ciel, pour ne s'être pas
tenu ferme dans la verité. *Et tamen fi Angelus de cœlo*
vobis annuntiaverit præterquam quod accepiftis , anathema fit,
quia & ipfe diabolus Angelus de cœlo lapfus eft.

Gardez-vous donc, ô Chrétiens trop credules , de
penfer

S. Greg. l.
8. in c 8.
Job. n. 66. p.
p. 273.

Jer. 23. 32.

In Pf. 105.
ad fin.

penser que ceux qui refusent d'être Disciples de l'Eglise, vous enseigneront la science des Saints, qui ne s'apprend que dans la seule Eglise, où le saint Esprit enseigne ? *Extra hoc corpus neminem vivificat Spiritus sanctus*, dit saint Augustin. Qu'ils vous guideront surement à la Jerusalem céleste, ouverte aux seuls habitans de la Jerusalem terrestre ? qu'ils vous conduiront par la voye étroite, incapable de contenir la grande troupe des désobeïssans & des rebelles à l'Eglise, leurs semblables : *Illi ergo qui promittunt sapientiam cognitionemque veritatis quam non habent, præcipuè cavendi sunt, sicut sunt Hęretici, qui se plerumque paucitate commendant : & ideo cùm dixisset, paucos esse qui inveniunt angustam portam & arctam viam, ne se illi supponant, &c.*

A quoy donc les connoître certainement ? en voicy le moyen infaillible, & exempt de toute illusion, c'est s'ils écoutent l'Eglise Catholique, & s'ils se soumettent à ses jugemens ; telle est la pierre de touche qui distingue le Catholique humble, du Novateur orgueilleux : *Qui Ecclesiam non audierit, sit tibi sicut Ethnicus & Publicanus.* Maxime qu'on n'effacera jamais d'un cœur Chrétien.

8°. Le sacré texte nous donne une autre marque pour les discerner : *veniunt ad vos :* ils viennent à vous, *ad vos :* non chez les infideles pour y annoncer la Foy, car l'heresie l'a perduë, & d'ailleurs elle n'a ny zele, ny fecondité ; mais chez vous, *ad vos :* pour y détruire la foy parmy les fideles, selon cette parole de saint Paul : Je sçay qu'aprés moy il entrera parmy vous des loups ravissans, de faux Docteurs, qui prêche-

B bbbb

ront de mauvaifes doctrines, & qui s'attireront des
difciples de leurs erreurs : *Ego fcio quoniam intrabunt poft
difceffionem meam lupi rapaces in vos, non parcentes gregi : &
ex vobis ipfis exurgent viri loquentes perverfa , ut abducant
difcipulos poft fe.*

  En fecond lieu , *veniunt ad vos ,* ils viennent, c'eft
à dire qu'ils entrent dans le miniftere fans miffion :
fuivant cette ancienne plainte du Seigneur : Je n'en-
voyois pas ces Prophetes, & ils couroient : *Non mit-
tebam Prophetas , & ipfi currebant :* Je ne les chargeois
point d'annoncer ma parole, & ils prêchoient : *Non
loquebar ad eos , & ipfi prophetabant :* Auffi dés les premiers
fiecles de l'Eglife , c'étoit affez pour refuter les Novateurs, que de leur dire, felon Tertullien : Qui êtes-
vous, & d'où venez-vous ? *Dicendum: Qui eftis , quando , & unde veniftis ?* Les vrais Prophetes au contraire,
loin de s'ingerer de leur propre mouvement, fe reti-
roient par humilité : Qui fuis-je , Seigneur, difoit
Moyfe , pour aller parler à Pharaon, & pour prendre
la conduite de vôtre peuple ? *Quis fum ego , ut vadam ad
Pharaonem , & educam filios Ifraël ?* je n'ay ny affez de
talens, ny affez d'éloquence pour un fi grand employ :
non fum eloquens ab heri & nudius tertius : Je vous fupplie
d'en envoyer un autre : *mitte quem miffurus es.* Ah ! Seigneur , s'écrioit Jeremie, je ne fuis qu'un enfant qui
n'ay point le don de la parole, *ah , ah, ah , Domine
Deus, ecce nefcio loqui, quia puer ego fum.* Il eft écrit de
faint Jean, que ce fut un homme envoyé de Dieu :
Fuit homo miffus à Deo cui nomen erat Joannes. Jefus-Chrift
affuroit aux Juifs qu'il n'étoit pas venu de luy-même,

& que c'étoit son Pere qui l'avoit envoyé : *A meipso non veni, sed est verus qui misit me :* & il envoyoit ses Disciples ainsi que son Pere l'avoit envoyé : *sicut misit me Pater, & ego mitto vos :* car, comme observe saint Jerôme, ceux qui viennent d'eux-mêmes portent sur leur front un caractere de temerité : *in venientibus quippe præsumptio temeritatis ;* & ceux qui sont envoyez portent avec eux le caractere de l'humilité : *in missis obsequium humilitatis est.* Tels sont les vrays Pasteurs appellez au ministere, ils sont envoyez : mais pour les faux Pasteurs, ils viennent d'eux-mêmes, *veniunt :* ainsi, selon nôtre Evangile, 1°. Ce sont des voleurs qui s'ingerent dans la bergerie, pour y ravir les honneurs, les dignitez, les biens, la reputation, *omnes quotquot venerunt fures sunt & latrones : fur autem non venit, nisi ut uretur.*

2°. Ce sont de faux Prophetes, qui viennent toûjours sous pretexte de vouloir reformer & corriger la doctrine & la discipline de l'Eglise, tombée, disent-ils, dans le relâchement, & qui nomment les Catholiques des hommes charnels & grossiers, *psychici,* disoit Tertullien, sectateur d'une morale trop severe, & trop orgueilleuse : *attendite à falsis Prophetis.*

3°. Ce sont des précurseurs de l'Antechrist : Je suis venu, disoit le Sauveur, au nom de mon Pere, & vous ne m'avez pas reçu : *Ego veni in nomine Patris* Joa. 5. 43. *mei, & non accepistis me :* un autre viendra en son nom, c'est à dire, l'Antechrist, & vous le recevrez : *Si alius venerit in nomine suo, illum accipietis.*

4°. Ce sont des loups ravissans, *videt lupum venien-*

tem : ils ont beau ſe déguiſer ſous la peau des brebis, qu'ils ont déja déchirées pour s'en couvrir, & ne prê-cher que dépendance & ſoumiſſion, ils reprendront bien-tôt leur ferocité naturelle, déchirant les membres du corps myſtique du Fils de Dieu, partageant les Fideles en des ſentimens oppoſez, & les déſuniſ-ſant les uns d'avec les autres : ſemblables aux loups des forêts, qui viennent enlever les brebis, & diſper-ſer le troupeau : *& lupus rapit & diſpergit oves* : en un mot, faiſant ſpirituellement ſur les ames, ce que les loups font exterieurement ſur les corps : c'eſt pour-quoy ſaint Chryſoſtome les nomme fort convena-blement, une eſpece de loups méchans & malicieux : *malitioſum genus luporum.*

5°. Ajoûtez à cela, qu'ils ſont encore appellez des loups, parce qu'aprés avoir déchiré, & partagé l'E-gliſe en pluſieurs parcelles, ainſi que les Soldats divi-ſerent les habits de Jeſus-Chriſt, ils ſe diviſent entre eux, & ſe devorent eux-mêmes les uns les autres, rai-ſon pour laquelle les loups naturels ne multiplient pas, non plus que ceux-cy. *Hæretici ſentiendo pejora in multis ſe partibus ſcindunt, atque à ſemetipſis plerumque dividuntur,* dit ſaint Gregoire. On voit ſans ceſſe s'élever parmy eux de nouvelles ſectes, & de nouveaux partis ; de nouvelles diſputes & de nouvelles erreurs : l'hereſie n'eſt plus dans ſon progrés ce qu'elle a été dans ſa naiſſance, & la fille a bientôt devoré la mere.

6°. Enfin ils devorent les Fideles, & imitent en-core les loups d'une autre maniere ; car, pour s'expri-mer avec le bon Paſteur même, ils entrent dans la maison des veuves , & autres personnes riches , mais simples & credules, & sous pretexte de dévotion, ils devorent leur substance, disposant de leurs biens, les leur faisant consumer en diverses dépenses, sur tout en celles qu'ils jugent necessaires pour étendre & soûtenir le party, & pour le mettre en credit, sans s'oublier de leurs propres interêts : *Cavete à Scribis , qui devorant domos viduarum , simulantes longam orationem :* & tout cela encore une fois, sous pretexte de dévotion, & de bonnes œuvres, dont la meilleure à leur sens est la propagation de leur secte , au scandale & au murmure des parens & des domestiques. Combien les premiers Fideles , pleins de l'esprit de l'Evangile, étoient-ils éloignez de ces conduites indignes? Origene dépoüillé de tous ses biens pour la Foy , & reduit à une extrême pauvreté, en donna une illustre preuve. Voicy comme Eusebe & Nicephore le racontent : Tous les biens de son pere ayant été confisquez, Origene se vit reduit à une extrême pauvreté, mais celuy qui a soin des moindres animaux n'abandonna pas son Serviteur. Une veuve de qualité & des plus opulentes de la ville, promit de le nourrir, & le fit même loger chez elle. Sa maison étoit celle des gens de lettres, que cette Dame aimoit beaucoup. Un sçavant originaire d'Antioche, nommé Paul, & qui passoit pour un des premiers hommes du siecle, s'étoit emparé de son esprit & de ses tresors, & l'égarement de la Dame alla jusqu'à l'adopter pour son fils, & à le declarer son heritier : par-là elle adoptoit tous les Heretiques d'Alexandrie, dont ce Sçavant étoit le confeil & l'oracle. Origene fut regardé comme un fuiet tres-propre à devenir fon éleve : on luy fit voir la prodigieufe affluence de perfonnes de toutes fortes d'é-tats, qui venoient chaque jour pour entendre les dif-cours de ce Novateur : on luy fit obferver que les Or-thodoxes n'y étoient pas moins affidus que les autres, & c'étoit furquoy on infiftoit le plus : mais le fage jeune homme, perfuadé que l'exemple ne fuffit pas pour autorifer de tels conventicules, refufa non feu-lement de prier & d'entrer en communion avec Paul, mais même de l'entendre parler de Religion ; regar-dant dés lors cette licence qu'on fe donne d'écouter les perfonnes fufpectes de nouveauté, ou de lire leurs ouvrages, comme une difpofition prochaine au ren-verfement de la Foy, & à la corruprion des efprits : auffi voyant que la maifon de la Dame étoit le centre du party oppôfé à la creance commune, il compta pour rien qu'il y trouvoit fa fubfiftance & toute forte de bons traitemens, & il demanda la permiffion de fe retirer, alleguant qu'il ne vouloit être à charge à perfonne, & que Dieu luy feroit la grace de vivre de fon travail, ce qui luy réuffit heureufement.

SECONDE CONSIDERATION.

Comme toutes les paroles de nôtre Evangile ren-ferment autant de marques aufquelles on peut con-noître les faux Prophetes, malgré leurs déguifemens, & que le Sauveur en nous avertiffant d'y prendre gar-de, *attendite*, excite partout nôtre attention : afin qu'el-

le ne fe ralentiffe en aucun endroit, nous devons particulierement refléchir fur celle-cy : Vous connoîtrez
ces faux Prophetes à leurs fruits, *à fructibus eorum co-*
gnofcetis eos.

Premierement, parce qu'ils ne portent aucun fruit
dans l'Eglife. Saint Gregoire obferve qu'il y a deux
fortes d'arbres : les uns qui font grands, droits, beaux,
élevez, comme les Sapins, les Chefnes, les Cedres ;
& les autres qui font bas, tortueux, rampans, & peu
agreables, comme la Vigne, le Figuier, l'Olivier :
mais auffi les premiers font infructueux, & ne fervent à rien pour la nourriture de l'homme : & les fe-
conds portent des fruits excellens, & extremement
utiles à nôtre confervation : ainfi ces efprits fublimes,
ces pretendus grands Docteurs, avec leurs talens extraordinaires, d'éloquence & de fcience, édifient peu
fouvent l'Eglife, & ne fervent gueres à la converfion
des pecheurs, ny à la fanctification des Juftes: & n'ont
d'ordinaire pour leur parrage que la fterilité : *vulva* ^{Oz. 9. 14}
fine liberis, & ubera arentia : au lieu que les Ouvriers
Evangeliques humbles, laborieux, modeftes, fans
fafte, ny éclat, font infiniment utiles au falut des
ames, & comme des plantes fertiles enrichiffent l'E-
glife de leur abondance, fuivant cet oracle du Prophete : J'ay humilié l'arbre élevé, & fuperbe, & j'ay
élevé l'arbre bas & rampant : *Ego Dominus humiliavi* ^{Oze. 17. 14}
lignum fublime, & exaltavi lignum humile.

II°. Les épines font les figures des herefies : car les
épines ne fervent qu'à déchirer, & à divifer ou partager les heritages : or les unes & les autres en leur

façon sont steriles, & rejettées du sacré terroir de l'E-
glise, comme celles-là le furent du Paradis terrestre,
disent les Saints : *Hæreses spina sunt, eo quod foris à Dei
Paradiso, hoc est extra Ecclesiam nutriantur.* Que si les heresies produisent quelques fruits, ce n'est pas par au-
cune fecondité qu'elles ayent en elles-mêmes, c'est
par la vertu des Sacremens & de la parole, qui ap-
partiennent à l'Eglise , & non à elles ; ce qui ne peut
faire meriter à l'heresie que le nom de concubine , &
non d'épouse : car c'est toûjours l'Eglise qui engen-
dre comme Sara , ou de son sein propre, ou du sein
de ses servantes : *Generat & per uterum suum , & per
uteros ancillarum suarum*, dit saint Augustin.

IIIª. Les heresies sont des branches retranchées de
la souche, & par consequent qui ne participent ny
au suc, ny à la seve de la racine, & qui ainsi loin de
porter du fruit, ne sont bonnes qu'à jetter au feu. *Ego
sum vitis vera, & Pater meus agricola est :* Voilà l'union.
Omnem palmitem in me non ferentem fructum tollet eum :
Voilà le retranchement : *Palmes non potest ferre fructum
à semetipso, nisi manserit in vite :* Voilà la sterilité. Si
quelqu'un ne demeure pas en moy, il sera jetté comme une branche inutile, il sechera, on le ramassera,
on le jettera au feu, & il brûlera : Voilà le sort de l'Heretique : *Si quis in me non manserit, mittetur foras sicut palmes, & arescet, & colligent eum, & in ignem mittent,
& ardet.* Le sarment uni à la vigne est beau & fertile,
dit saint Augustin·, mais separé du tronc, c'est un
bois sec & sterile, qui selon le Prophete n'est propre
à aucun ouvrage : *Ligna vitis tanto sunt contemptibiliora,*

si

S. Leander
in Laud. Ec-
cl'c'.

L. 2. de
Bapt. c. 10.

si in vite non manserint, quanto gloriosa si manserint : deni-
que, sicut de his etiam per Ezechielem Prophetam Dominus
dicit: Præcisa nullis agricolarum usibus prosunt, nullis fabri-
libus operibus deputantur: il n'y a que deux partis à prendre, ou de demeurer uni à la vigne, ou d'être jetté au
feu hors la vigne : *unum de duobus palmiti congruit, aut*
vitis, aut ignis : si in vite non est, in igne erit : ut ergo in
igne non sit, in vite sit.

IVᵒ. Non seulement les nouveautez sont des épines, dont la sterilité est le partage, mais de plus elles
empêchent la fecondité des bonnes plantes, & elles
en suffoquent le fruit : *non solùm ipsæ fructum non feren-*
tes, sed id etiam quod germinat impedientes, dit saint Chrysostome.

Vᵒ. D'ailleurs il est vray que de Jesus-Christ & de
l'ame fidelle, de ce céleste Epoux & de son Eglise,
comme d'un chaste mariage, doit sans cesse sortir jusqu'à la fin du monde, une nombreuse & spirituelle
posterité, pour parler avec saint Augustin : *Christus*
verus & verax animæ maritus, ad vitam æternam nos fœ-
cundans, & steriles nos non esse permittens : Mais les faux
Prophetes étans des loups, & les fidelles des brebis,
quel fruit produira leur alliance, & qu'en pourra t-on
attendre autre chose que carnage & que mort ?

VIᵒ. Jesus-Christ à la verité dit dans nôtre Evangile, que les mauvais arbres portent des fruits, mais
il ajoûte que ce sont de mauvais fruits : *mala arbor ma-*
los fructus facit : semblables à ceux de ces plantes sau-
vages que pousse une terre ingrate, & dont les productions ameres ne sont bonnes à rien, dit le Sage :

C cccc

Fructus illorum inutiles, & acerbi ad manducandum, & ad nihilum apti. L'Apôtre nous le marque en détail, quand il fait l'énumeration des malheureux germes que produifent les nouveautez, & que voicy en partie :

1°. Les inimitiez, *inimicitiæ*, mais des inimitiez fouvent plus vives dans les Novateurs contre les Docteurs orthodoxes, que dans les gens du fiecle les plus paffionnez, & les plus animez les uns contre les autres pour des interêts temporels.

2°. Les diffenfions, *diffenfiones* : ne conformant jamais leur jugement à la doctrine commune de l'Eglife, ny même à fes décifions, les combattant par mille fubtilitez, & fe laiffant aller fans ceffe à des fingularitez & des innovations perpetuelles, qui ne manquent pas de remuer les efprits, & d'exciter du trouble : *Rogo vos, Fratres,* nous dit l'Apôtre, *ut obfervetis eos qui diffenfiones præter doctrinam quam vos didiciftis, faciunt, & declinate ab illis.*

3°. Des contentions, *contentiones* : On ne voit en eux que difputes, contradictions, opiniâtreté, clameurs, s'oubliant de cette maxime de l'Apôtre : Si quelqu'un veut être contentieux, qu'il fçache que ce n'eft pas là l'efprit Apoftolique, ny celuy de l'Eglife de Dieu : *Si quis vult contentiofus effe, nos talem confuetudinem non habemus, neque Ecclefia Dei.*

4°. Des jaloufies, *æmulationes,* ou des defirs de l'emporter pardeffus les autres, d'être eftimez plus vertueux, plus fçavans, plus habiles qu'eux : au contraire féchant de dépit, d'envie & de trifteffe, quand ils les voyent plus honorez & plus accreditez qu'eux.

5°. Les emportemens, *irę*, car qui se livre plus à l'indignation, à la colere, aux animositez, que les Novateurs, quand les Superieurs les condamnent, ou que les Orthodoxes les combattent avec succés ? de là les détractions, les dérisions, les railleries, les libelles satyriques & diffamatoires. Peut-on voir une plus grande sterilité spirituelle ? Saint Ambroise & saint Chrysostome ont tous deux observé que le figuier produit des fruits avant les feüilles, *namque alię arbores florem ferunt antequam fructum, ficus sola ab initio germinat poma pro floribus :* c'est à dire, que les œuvres du vray Docteur doivent preceder ses paroles : *potens opere & sermone : cœpit facere & docere :* voilà le modele : les Novateurs au contraire poussent d'abord les plus belles fleurs de l'éloquence, & les plus beaux dehors de la pieté : on cherche sous ces flateuses apparences de l'humilité, de la douceur, de la patience, de la charité, de la défiance de ses propres lumieres, de la soumission aux définitions de l'Eglise : & on n'y trouve rien qu'opiniâtreté, qu'attache à son sens, que mépris du prochain, qu'injures, que hauteur, que railleries offensantes, & semblables fruits amers des épines de leur cœur. En voicy un autre :

6°. Des sectes, *secta*, c'est à dire, des partis, des conventicules, des assemblées clandestines ; un éloignement de ceux qui ne sont pas de leur cabale ; d'où enfin se forment les heresies. Tels sont les fruits que produisent dans l'Eglise les faux Prophetes & les faux Docteurs qui s'y sont élevez, & qui s'y éleveront jusqu'à la fin : au lieu que les fruits des Pasteurs Catholiques, dont la doctrine est saine, & les mœurs pures, font, comme ajoûte saint Paul, la charité, la joye, la paix, la patience, la douceur, la bonté, *fructus autem spiritûs est caritas, gaudium, pax, patientia, benignitas, bonitas, &c.* Les premiers dessechent l'ame, l'enflent d'orgueil, & la remplissent d'amertume & de vanité. Les seconds réjoüissent l'ame humble & fidelle, & la nourrissent du pain savoureux de la pieté. Telle est l'interpretation toute naturelle de la parole du Sauveur, que l'arbre se connoît à son fruit, & que comme le bon arbre porte de bons fruits, le méchant en porte de mauvais : en effet, voyez & réfléchissez aux questions que les Novateurs ont excité dans l'Eglise, & cela dans les siecles passez, comme dans celuy-cy, & vous ne trouverez que du bruit, des divisions scandaleuses, des aigreurs, la ruine de la paix, de la pieté, & de l'union que les brebis du vray Pasteur doivent avoir ensemble : & pour comble de malheurs, la perte de plusieurs excellens sujets, qui pouvoient être infiniment utiles au troupeau fidele, & qui pour avoir voulu immoderément étendre leur main à l'arbre de la science du bien & du mal, se font exclus du sacré terroir du Paradis terrestre de l'Eglise, & sont devenus la proye de l'ancien serpent, premier Auteur du mensonge & de l'erreur : c'est ainsi que les faux Prophetes s'engagent insensiblement, & engagent ceux qui les suivent dans l'heresie ou dans le schisme, deux crimes differens, mais également à craindre : l'heresie est une erreur opposée à la verité que la foy propose, & le schisme une division contraire à l'unité que l'es-

prit de charité caufe dans le corps de l'Eglife , dont
cette charité commune eft le ciment , tant à l'égard
des membres qu'elle lie entre eux , qu'à l'égard
du Chef à qui elle les attache : de forte que celuy-là
eft un vray fchifmatique, qui par fa fingularité fe fepare du corps à qui il eft uny , & par fa revolte fe
fouftrait au Chef à qui il eft foumis, & ne commu-
nique ny avec l'un ny avec l'autre, rompant les liens
de la charité commune, de la focieté fraternelle, &
de l'unité Ecclefiaftique, & faifant fecte à part. L'Heretique détruit la verité par fon erreur, le Schifmatique rompt l'unité par fa divifion, & aucun d'eux
n'appartient à l'Eglife : d'où il s'enfuit que le crime
du fchifme fe trouve toûjours dans les affemblées heretiques, coupables de violer l'unité de l'Eglife, & de
corrompre fa foy, mais non celuy de l'herefie dans
les Schifmatiques , quoyque ceux cy pour juftifier
leur conduite, errent ordinairement bien-tôt, faifant
du fujet de leur retraite un point de fauffe doctrine
oppofé à la doctrine orthodoxe : & qu'étant de l'équi-
té d'être puny par où on a peché, le vray châtiment
du Schifmatique qui fe fepare de l'Eglife par la rup-
ture de fa communion, eft d'être feparé de l'Eglife
par le glaive de l'excommunication, & exclus de l'heritage de Pierre, pour s'être exclus de la famille de
Pierre, & avoir déchiré la foy de Pierre, dit faint *L. 1. de Pœ-*
Ambroife, *non habent enim Petri hæreditatem , qui Petri* *nit. c. 7. n.*
fidem non habent , quam impiâ divifione difcerpunt. 33. p. 399.

VII°. Ajoûtons une autre circonftance à quoy l'on
peut connoître les faux Docteurs, ou plûtôt une nou-

C cccc iij

velle preuve de ce qu'on a dit , contenuë en ces paroles du Sauveur : Eſt-ce que les épines leur produiſent des raiſins , & les ronces des figues ? *Numquid colligunt de ſpinis uvas , aut de tribulis ficus ?* Pour bien développer le ſens de cette expreſſion , il eſt bon de ſe ſouvenir d'un fait celebre rapporté dans l'Ecriture , & que voicy en peu de mots : lorſque Moyſe étoit encore dans le deſert , il envoya par ordre du Seigneur des hommes choiſis d'entre les douze Tribus , pour aller examiner & conſiderer attentivement la beauté & la fertilité de la Terre promiſe , & en rapporter des fruits : ceux-cy revinrent au bout de quarante jours , chargez entre autres choſes d'une grape de raiſin que deux hommes portoient ſur un levier , & d'un nombre conſiderable de grenades & de figues : *Pergenteſque abſciderunt palmitem cum uva ſua , quam portaverunt in vecte duo viri : de malis quoque granatis , & de ficis loci illius tulerunt.* Cette Terre promiſe étoit la figure de l'Egliſe : cette grape de raiſin ſuſpenduë à un levier , & portée par deux hommes , repreſentoit Jeſus-Chriſt ſuſpendu au bois de la Croix , & les deux peuples qui ſucceſſivement devoient porter le joug de ſa Loy : ces grenades & ces figues étoient les ſymboles de la foy & de l'unité , vrais fruits du ſacré terroir de l'Egliſe : *Botrus uvæ quem ligno ſuſpenſum de Terra promiſſionis tanquam crucifixum attulerunt ,* dit ſaint Auguſtin. Cette grape étoit un grand myſtere propoſé aux Juifs , & une prophetie de la réprobation qu'ils feroient du Sauveur crucifié , à qui ils tourneroient le dos : elle étoit , ſelon ſaint Chryſoſtome , une marque *de la charité* de Jefus-Chrift, dont le fang precieux qui devoit racheter le monde découleroit de deſſous le preſſoir de la Croix : *Uva in ſe myſterium Chriſti habet, ſicut enim botrus*, &c. *La grenade* en étoit une *de la foy de l'Egliſe*, qui a couronné les Martyrs, ou de la verité pour laquelle ils ont combattu juſqu'à la mort, & ont vaincu le monde & triomphé du démon : *Ecclefia Martyrum victoriis coronata*, dit faint Jerôme : ce que faint Jean nous avoit auparavant appris, par ces paroles : *Hæc eſt victoria quæ vincit mundum fides noſtra. La figue*, qui fous une peau douce, neanmoins forte & épaiſſe, contient pluſieurs grains, en étoit une *de l'unité de l'Egliſe*, qui renferme en fon fein la multitude des Fideles : *Ficus autem eſt Ecclefia*, dit faint Chryfoftome, *quæ multos fideles tenet dulci quodam charitatis amplexu, ſicut ficus multa grana uno tegmine tenet inclufa*.

Si bien que ces trois fortes de fruits cueillis dans la Terre promife, font la figure de la charité, de la verité & de l'unité, qui forment les trois attributs de l'Egliſe Catholique : & qui croiſſent dans l'heritage du Seigneur : d'où il s'enfuit, que quand un Docteur, quelque éminent qu'il paroiſſe, bleſſe une de ces trois vertus, la charité, la verité, l'unité : & que l'aigreur, l'erreur, la diviſion, font les productions de fa doctrine, & de fes grands talens ; on peut s'aſfurer que c'eſt-là un loup traveſti fous la forme de brebis, un faux Prophete fous l'apparence d'un Paſteur, & que les fruits qu'il apporte ne font pas ceux qui naiſſent dans la Terre promife, qui n'eſt autre que le patrimoine de Jefus-Chriſt.

VIII°. C'eſt ce qui ſe voit dans l'Evangile d'aujourd'huy , où les faux Docteurs ſont repreſentez portant trois caracteres d'oppoſition , à l'unité , à la charité , à la verité.

1°. *A l'unité* , car tout eſt icy au nombre pluriel, tout eſt diviſion, tout eſt multiplicité de faux Prophetes, de faux Docteurs, de faux Apôtres , de faux Chriſts, *Pſeudo-Propheta* , *Pſeudo-Doctores* , *Pſeudo-Apoſtoli* , *Pſeudochriſti* ; ce ſont des loups , *lupi* , animaux inſociables , qui vivent ſeparez les uns des autres : ce ſont des épines & des ronces, *ſpina & tribuli* ; ce ſont pluſieurs maiſons qui tombent les unes ſur les autres : *Domus ſuprà domum.* Au lieu que dans l'Egliſe tout tend à l'unité, tout ſe reduit à un : tout eſt un , un Paſteur, un troupeau, un bercail *„unum ovile, & unus paſtor* : un Baptême, un Seigneur de tous, un Dieu, un Pere commun , une même mere , une même table, un même aliment, une même famille, un même heritage, un même chef, un même corps, un même eſprit , un même cœur, une même ame, une même foy, une même eſperance, une même Religion, vertu propre à unir les hommes enſemble, & à les unir à Dieu, & à les faire être tous un avec Jeſus-Chriſt en Dieu , *ut ſint unum ſicut tu Pater & ego unum ſumus* : ou , comme dit l'Apôtre, *Solliciti ſervare unitatem ſpiritûs in vinculo pacis, unum corpus, & unus ſpiritus , ſicut vocati eſtis in una ſpe vocationis veſtræ : unus Dominus , una fides , unum baptiſma, unus Deus, & pater omnium.*

2°. *A la charité* , ce ſont de faux Prophetes qui attirent aprés eux des Diſciples, & les ſeparent du ſentiment

Epheſ. 4. 4.

riment commun, divifant le troupeau, & faifant des fchifmes & des conventicules à part : ce font des épines & des ronces, propres à défunir & à déchirer. Les Novateurs, dit faint Auguftin, font femblables aux ferpens domiciliez dans ces buiffons, qui fourniffent les épines dont on fe fert pour partager les heritages, & d'un feul en faire plufieurs : *Veniunt de fepibus Hæretici, nam qui conftruunt fepes, divifiones quærunt :* & qui aprés avoir divifé l'heritage de Jefus-Chrift, fe divifent entre eux, & ne s'uniffent jamais que pour combattre la verité; au lieu que l'Eglife eft cette Epoufe unique, unie à Jefus-Chrift par les liens indiffolubles d'un mariage fpirituel qui ne fe rompra jamais : du fein de laquelle toutes les focietez heretiques & fchifmatiques font bannies, ainfi que les épines du Paradis terreftre, difent les Saints, & lefquelles en vain comme des rivales entourent ce Lys des Cantiques, fymbole de cette Amante chafte, qui étant Epoufe, veut être feule, d'où vient fa fainte & fevere jaloufie, & cette inflexible incompatibilité, qui la rend infociable & intraitable, & à leur égard, & à l'égard des Novateurs, qui voudroient corrompre fa foy, & attiedir fon amour envers fon Epoux.

3°. *A la verité*, car ce n'eft icy que menfonge & tromperie; ils font en apparence de grands Docteurs, & ce font de faux Prophetes; des Saints, & ce font des impofteurs; des brebis, & ce font des loups : ils parlent commes des hommes envoyez de Dieu, & ils viennent d'eux-mêmes : ils fe vantent de prêcher la doctrine ancienne, & ce font des erreurs nouvelles,

D dddd

qui n'ont rien d'ancien que leur auteur, le vieux ſerpent pere du menſonge, qui par ſes faux raiſonnemens attira dans l'erreur nos premiers parens ; au lieu que l'Egliſe ſe fonde ſur l'immuable ſtabilité de ces paroles : *Allez, enſeignez, baptiſez, & voilà je ſuis avec vous juſqu'à la conſommation des ſiecles* : paroles qui renferment une promeſſe que la miſſion des ouvriers, la prédication de la verité & l'adminiſtration des Sacremens ſe conſerveront en leur entier dans l'Egliſe, juſqu'à la fin du monde : ſi donc Jeſus-Chriſt eſt tous les jours avec ſon Egliſe, s'il la ſanctifie par ſes Sacremens, s'il l'enſeigne par ſa doctrine, il s'enſuit qu'elle enſeignera toûjours la verité, qu'il ne ſera jamais permis de s'éloigner de ſa doctrine, qu'elle ſera toûjours infailliblement veritable : infaillibilité ou aſſiſtance infaillible de l'eſprit de verité, ſeul moyen de conſerver l'integrité de la foy dans une doctrine auſſi haute que celle du Chriſtianiſme ; dans une profondeur auſſi infinie que celle de l'Ecriture ; dans une multitude auſſi effroyable de ſectes que celles qui partagent le monde ; dans une incertitude auſſi grande que celles de l'eſprit humain toûjours flotant : & qu'ainſi l'Egliſe ſera le domicile perpetuel de l'unité, de la charité, de la verité.

Que ſi les perſonnes toûjours portées aux nouveautez, & dévoüées au party à la mode, ſoûtiennent qu'on ne voit rien de ſi beau, de ſi bien écrit, de ſi touchant que les ouvrages des Novateurs, qu'on y apprend la Religion, que toute autre lecture leur eſt inſipide, & que ce ne ſont que des envieux incapables de les égaler, qui trouvent à redire dans ces sortes de Livres : langage ordinaire aux sectateurs de tous les temps : on leur répondra deux choses avec saint Augustin.

Premierement, que jamais Heretique n'a avancé d'erreurs sans les soûtenir par l'éclat d'une grande éloquence, *pro summa peritia & sermonis jactantia ostentant :* & sans y mêler beaucoup de veritez, à la faveur desquelles le mensonge se glisse dans les esprits peu attentifs à la parole de nôtre Evangile, *attendite : nulla falsa doctrina est, quæ non aliqua vera intermisceat :* maladie, ou plûtôt contagion spirituelle, convenablement representée par la lepre, qui ne corrompt pas tellement la masse de la chair, qu'elle n'y laisse beaucoup de parties saines & en leur entier : *Vera ergo falsis permixta significant lepram, tanquam veris falsisque colorum fucis, humana corpora variantem, atque maculantem.* C'est pourquoy Jesus-Christ guerissant les lepreux, les renvoyoit aux Prêtres, dépositaires & Juges de la saine doctrine, *ite, ostendite vos Sacerdotibus :* car vous ne trouverez point qu'il leur ait adressé d'autres malades : *nullum enim eorum quibus hæc corporalia beneficia præstitit, invenitur misisse ad Sacerdotes, nisi leprosos :* Ne concluez donc pas qu'à cause que vous trouvez de grandes & d'importantes veritez dans des Livres, & que l'éloquence y brille, il faut qu'ils soient purs & orthodoxes, & qu'on puisse donner sans crainte dans tous leurs sentimens. Sulpice Severe rapporte que les Evêques d'Orient défendoient non seulement de lire, mais même de garder les écrits d'Origene, tous parsemez neanmoins d'excellentes choses, & ils obli-

geoient les Catholiques de rejetter l'Auteur & les ouvrages, difant qu'il y avoit affez de bons Livres dans
l'Eglife, fans en emprunter de main fufpecte : de peur
que les erreurs ne fe gliffaffent avec les veritez, &
qu'on ne paffât de l'eftime de cet Auteur à la défenfe
de fes ouvrages : *Ne quis Origenis libros legeret, aut ha-*
beret, fed recta cum pravis, & cum ipfo Autore dammare :
quia fatis fuperque fufficcrent libri quos Ecclefia recepiffet. Que
feriez-vous, fi quelque amy fidele vous avertiffoit que
dans une corbeille de beaux fruits qu'on vous prefente, il y en auroit d'empoifonnez ? Et ne dites pas
encore une fois : Mais quoy je trouve tant de goût,
de plaifir & d'édification dans la lecture de ces ouvrages, dans la converfation, la prédication, les inftru-
ctions, la conduite de ces perfonnes qu'on veut que je
regarde comme de faux Prophetes; enforte que je pour-
rois dire avec l'Epoufe du Cantique : Je me fuis affis
à l'ombre de l'arbre que j'aime, & fon fruit a été doux
à ma bouche : *Sub umbra illius quem defideraveram fedi,*
& fructus illius dulcis gutturi meo Eft-ce que les épines
produiroient des raifins, & les ronces des figues? Telle
eft l'objection des anciens Heretiques, au rapport de
faint Auguftin : *At omnis arbor ex fructu cognofcitur : fi*
Pharifæus fpina eft, quomodo de fpina lego uvam? Voilà
nôtre Evangile.

Non, dit en fecond lieu le même Pere : mais voicy
le dénouëment de vôtre probleme : Le voyageur fa-
tigué & alteré, fe repofant fur le bord du grand chemin, à l'ombre d'un buiffon épais, découvre quelquefois des grapes de raifin, & d'autres bons fruits

patmy les épines de ce buiſſon au pied duquel il eſt
aſſis : il les prend, & les trouve agreables & ſavou-
reux : mais cherchez la racine de cette branche qui
luy offre ces bons fruits, & vous trouverez qu'ils ne
viennent pas de la racine des ronces, mais de celles
d'un ſep de vigne, ou d'un tronc de figuier ou d'o-
livier, qui par hazard ſe ſont entremêlez avec les branches de ce buiſſon, & qui à travers les épines ingrates
& piquantes vous offrent leurs fruits doux & rafraî-
chiſſans : *Non ergo de ſpinis legebant uvas*, dit encore ſaint
Auguſtin en parlant des faux Prophetes : *ſed per ſp'nas
de vite legebant uvas, tanquam ſi manum aliquis per ſepem
mittat, aut certè de vite quæ ſepi fuerat involuta, uvam le-
gat, non ſpinarum eſt fruĉtus iſte, ſed vitis.* Ainſi c'eſt au
tréſor de l'Egliſe Catholique, c'eſt à la chaire de Moyſe, que vous êtes redevable de la haute & ſalutaire
Theologie que le Novateur vous preſente, & non à
la ſterilité de ſes ronces : ce ſont des veritez qu'il a
enlevées comme de rares & precieuſes plantes du ſacré terroir de l'Egliſe, & qu'il a tranſplantées dans le
terroir aride de ſes épines : *Nam & aliquando in ſpinoſa
ſepe vineæ implicant ſe vites, & de rubo pendent botri : ve-
rùm ſequere radicem, ac ſic intellige, aliud pertinere ad cor
Phariſæi, & aliud ad cathedram Moyſi.* N'attribuez donc
pas au Phariſien hypocrite qui vous trompe, ny à ce
Novateur qui vous flate, la bonne odeur, le bon
goût, ou la bonté des fruits qu'il vous offre, mais à
l'Egliſe, d'où il les a enlevées pour en honorer ſes
épines : car voicy encore comme ſaint Auguſtin s'en
explique en un autre endroit : *Nam aliquando invenimus*

D dddd iij

illud, Fratres mei, vitem positam super caricem, quia ibi habet sepem spinosam, extendit palmites suos, & inserit in sepem, extendit in spinas botros, & qui videt botrum capit, non tam de spinis, quàm de vite quæ circumplexa est spinis, sic ergo illi spinosi sunt, sed sedendo in cathedra Moysi, involvit eos vitis, & pendent ad eos botri, id est, verba bona, & bona precepta : tu lege uvam, non te pungit spina quando legis. Le démon même ne ment pas toûjours, c'est principalement quand il parle de luy-même : *cùm loquitur mendacium, ex proprio loquitur :* car il a dit plusieurs veritez dans l'Ecriture, mais elles n'étoient pas de luy : quand il parle de son fonds, il est menteur, & le pere des mensonges, & des menteurs ses disciples, tels que les Heresiarques, organes de la doctrine des demons, ainsi que s'exprime l'Apôtre, *in doctrinis dæmoniorum*, & instrumens de ses mensonges les plus colorez. Pourquoy donc s'étonner si les Novateurs disent quelquefois des veritez importantes & touchantes, belles & édifiantes, parmy les faux dogmes qu'ils avancent, & qu'ils rendent vraysemblables par ce mélange, & par leur artificieuse éloquence ? Revenons à cet avis prudent du Disciple si aimé & si éclairé, finissons par là : Mes chers freres, dit cet Apôtre, parlant aux Fideles bien intentionnez, mais trop disposez à donner dans les nouveautez, trop curieux, & trop avides des choses extraordinaires & singulieres : Mes tres-chers freres, ne croyez pas à tout esprit : *Carissimi, nolite omni spiritui credere :* il ne dit pas, ne croyez pas à tout homme, *omni homini*, ce qui ne donneroit l'idée que d'un Docteur ordinaire : mais *omni ſpiritui*, pour montrer qu'il veut déſigner par cette expreſſion, ces faux & ſpirituels Docteurs, qui ſemblent n'être que de pures intelligences : car c'eſt comme s'il diſoit : Ne vous fiez pas, non ſeulement à ceux qui pourroient vous prêcher les vices charnels, mais défiez-vous auſſi de ceux qui voudroient vous inſpirer les vices ſpirituels ; c'eſt-à-dire, de ces eſprits ſinguliers, qu'on affecte de faire paſſer pour plus éclairez, plus interieurs, plus élevez que les autres : *ſed probate ſpiritus ſi ex Deo ſint* : Eprouvez les eſprits s'ils ſont de Dieu ? *quoniam multi pſeudo-Prophetæ exierunt in* In illud. *mundum* : parce que pluſieurs faux Prophetes ſe ſont élevez dans le monde, c'eſt-à-dire, des Heretiques & des Schiſmatiques, ſelon ſaint Auguſtin, *ibi ſunt omnes Hæretici, & omnes Schiſmatici.* Mais à quoy les connoître, continuë ce Pere ? combien cet examen eſt-il difficile ? qui ſera aſſez penetrant, mes tres-chers freres, pour en faire le diſcernement ? *Quis eſt qui probat ſpiritus? difficilem rem nobis propoſuit, fratres mei.* Ne deſeſperons pas neanmoins d'en venir à bout, mes chers freres, celuy qui nous ordonne de les chercher, nous éclairera pour les trouver : *Bonum eſt nobis ut di-* Ibid. *cat ipſe unde diſcernamus, dicturus eſt, ne formidetis* : Quel ſera ce moyen ? l'Apôtre va nous l'apprendre ce moyen infaillible : *ecce dicturus eſt ſignum* : c'eſt que tout eſprit qui diviſe Jeſus-Chriſt n'eſt pas de Dieu : *Omnis ſpiritus qui ſolvit Jeſum ex Deo non eſt.* Or celuy qui diviſe l'Egliſe, diviſe Jeſus-Chriſt, & par conſequent cet eſprit n'eſt pas de Dieu. Jeſus-Chriſt s'eſt uni un corps myſtique, & le Novateur, vray loup couvert de la peau de brebis, en déchire les membres : *Ille venit colligare, & tu venis solvere : distringere vis membra Christi :* Jesus-Christ est venu assembler un troupeau, & le Novateur vient le disperser : *dirumpis Ecclesiam quam ille congregavit.* Concluez donc que quand un Docteur, quelque éminent qu'il paroisse au dessus des autres, cause des dissensions & des partis dans le monde, il est un faux Prophete, puisqu'il produit un effet tout contraire à celuy qui a obligé Jesus-Christ de venir au monde. *Attendite à falsis Prophetis.*

F I N,

May 1707.

www.ingramcontent.com/pod-product-compliance
Ingram Content Group UK Ltd.
Pitfield, Milton Keynes, MK11 3LW, UK
UKHW031737170726
13836UKWH00002B/713